The Buenos Aires Subway: A Pictorial History of the Construction of Line B 1928 – 1932

Lacroze Buenos Ayres Tramway Bond (1914) - *Scripophily.com*

El metro de Buenos Aires: Una historia ilustrada de la construcción de la Línea B 1928 - 1932

Copyright © 2008 Neal Walter Fortner. All rights reserved.
ISBN 978-0-6152-0978-4

FOREWORD

Traducción en español en la siguiente página.

This book is dedicated to my grandfather, Walter A. H. Grantz, who was a civil engineer and worked for the Dwight P. Robinson & Company in Buenos Aires. His company was contracted and helped build the Argentine Lacroze Subway, Line B, from 1928 to 1932.

Walter A. H. Grantz was born in New York City in 1896 and served in World War I as a second lieutenant. During the war, he trained as an artillery officer at Fort Monroe, Virginia. When the war ended, he returned to his studies and received his engineering degree from Cornell University in 1920.

My grandfather spent much of his engineering career in South America. In 1939, he joined the Frederick Snare Corporation and from 1940 to 1948 was their manager and president in Lima, Peru. With his administration, the Snare Corporation built shipping piers for the governments of Peru and Chile and a water-supply system for Guayaquil, Ecuador. From 1949 to 1953, he worked for the Colombian government where he was in charge of construction projects in that country. He was a member of the American Society of Civil Engineers and The Peruvian Society of Engineers. As his engineer career was at its height, his untimely death came in 1957.

The photographs in this book are part of my inheritance and not copied from any other book, magazine, or web site. They are all originals. Many document my grandfather's contributions to the construction of the Buenos Aires Subway, Line B, which still operates today. It is to him that I dedicate this pictorial history of Buenos Aires Subway Line B Book.

Neal Walter Fortner

10 Peso Argentine Banknote Series 1924-32

PREFACIO

Este libro está dedicado a mi abuelo, Walter A. H. El Grantz, quién fue ingeniero civil y trabajó para Dwight P. Robinson & Company en Buenos Aires. Su compañía fue contratada y ayudó a construir la Línea B del metro Lacroze de Argentina desde 1928 hasta 1932.

Walter A. H. El Grantz nació en la Ciudad de Nueva York en 1896 y sirvió en la Primera guerra mundial como subteniente. Durante la guerra se entrenó como oficial de artillería en Fort Monroe, Virginia. Cuando la guerra terminó, volvió a sus estudios y recibió el grado de ingeniero por parte de la Universidad Cornell en 1920.

Mi abuelo pasó la mayor parte de su carrera de ingeniería en Suramérica. En 1939, se afilió a la Corporación Frederick Snare y desde 1940 hasta 1948 fue su gerente y presidente en Lima, Perú. Con su administración, la Snare Corporation construyó muelles de embarque para los gobiernos de Perú y Chile y un sistema de abastecimiento de agua para Guayaquil, Ecuador. Desde 1949 hasta 1953 trabajó para el gobierno colombiano donde era el responsable de los proyectos de construcción en aquel país. Fue miembro de la Sociedad Americana de Ingenieros Civiles y de la Sociedad Peruana de Ingenieros. Cuando estaba en lo más alto de su carrera como ingeniero, sus muertos prematuros llegaron en 1957.

Las fotografías en este libro son parte de mi herencia y no son copias de ningún otro libro, revista o sitio Web. Todas son originales. Muchas documentan las contribuciones de mi abuelo en la construcción de la línea B del metro de Buenos Aires, que todavía funciona hoy. Es a él a quien dedico este libro histórico e ilustrado de la Línea B del metro de Buenos Aires.

Neal Walter Fortner

Serie de billete de banco de 10 pesos argentinos 1924-32

**My grandfather, Walter A. H. Grantz,
about 1930 in Buenos Aries**

**Mi abuelo, Walter A. H. Grantz,
alrededor de 1930 en Buenos Aries**

Pictured are the employees of the Dwight P. Robinson and Company in Buenos Aires about 1930 and Walter A.H. Grantz is on the far right.

Fotografiados aparecen los empleados de Dwight P. Robinson & Company en Buenos Aires alrededor de 1930 y Walter A.H. El Grantz aparece al extremo derecho.

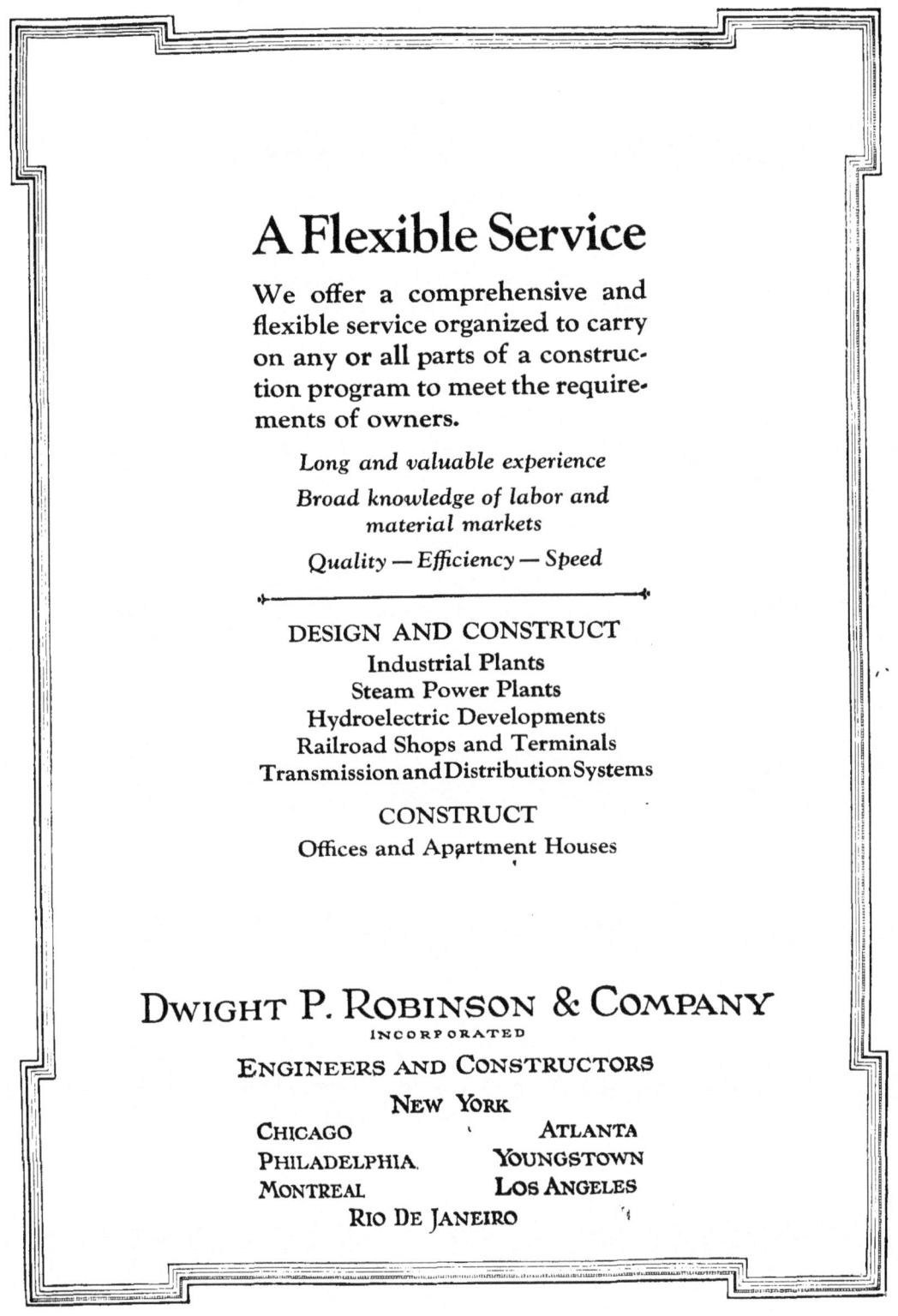

Dwight P. Robinson & Company Advertisement in *Harper's Monthly Magazine*, September 1924
Traducción en español en la siguiente página.

Un servicio flexible

**Ofrecemos un servicio completo y flexible, organizado para llevar
a cabo cualquier o todas las partes de un programa de construcción
con el fin de satisfacer las exigencias de los dueños.**

*Larga y valiosa experiencia. Amplio conocimiento
de los mercados laborales y de materiales.*

Calidad - Eficiencia - Rapidez

DISEÑA Y CONSTRUYE

Plantas industriales
Centrales eléctricas de vapor
Desarrollo hidroeléctrico
Tiendas de ferrocarril y terminales
Sistemas de transmisión y distribución

CONSTRUYE

Oficinas y casas de apartamentos

INGENIEROS Y CONSTRUCTORES

NEW YORK

CHICAGO	ATLANTA
FILADELFIA	YOUNGSTOWN
MONTREAL	LOS ANGELES

RÍO DE JANEIRO

Anuncio publicitario de Dwight P. Robinson & Company Anuncio en la revista
Mensual de *Harper*, septiembre de 1924

INTRODUCTION

Traducción en español en la siguiente página.

    This book historically documents in photographs the second Buenos Aires subway (Subte), Line B, from 1928 to 1932. These epoch pictures are a time capsule illustrating the construction, subway cars, and infrastructure of the new 1930's Buenos Aires subway line. The construction of the Line B subway incorporated a cut-and-cover method, which is a cost-cutting procedure for building an underground railroad. A cut-and-cover method first begins with digging and excavating a large trench, whereby the subway can be built within the elongated deep hole. When the below ground subway is completed, with a strong overhead roof support, the trench is then backfilled to cover up the subway concealing it underground. All in all, it is a detailed organized process.

    The construction of the first Buenos Aires subway system began early the twentieth century, and by December 1, 1913, the first line, Subte Line A was completed. It opened as the first metro system in the Southern Hemisphere and in Latin America. Line A was built and operated by a private business called the Anglo-Argentine Tramway Company.

    On February 13, 1912, the Argentine National Congress approved the construction of a second double electric subway line, Subte Line B. It would be a passenger and freight line, between Federico Lacroze Station and Paseo de Julio Station (now Leandro N. Alem Station). Subte Line B was built by the Lacroze Argentine Company, which was Anglo Tramway's rival and competitor. The Lacroze Company already operated an inner-city railroad line from Chacarita to Campo de Mayo, which later became known as the General Urquiza Railroad. The construction on Subte Line B began on October 1, 1928, and the first subway section was completed from Chacarita to Callao in just over 2 years, on October 17, 1930. An enormous number of passengers, 380,000, traveled on the then new thirty-two railroad cars during the first two opening days. Eight months later, on June 22, 1931, the next subway segment was completed to Carlos Pellegrini Station. Construction continued and the final thirteenth station was finished within five months. Just before the end of the year of 1931, the new subway line of Buenos Aires, Subtre Line B, was finished from Federico Lacroze to Leandro N. Alem Station.

    The Lacroze Company in the 1930's planned to make Subte Line B a modern show piece for Buenos Aires. One modernization was to replace the subway inspector's whistle that announced a train departure with that of indication lights. Also the new subway stations: Agüero (later renamed Carlos Gardel), Pueyrredón, Pasteur, and Callao were they all installed with two new important modern features: escalators and turnstiles. A local newspaper reported that the escalators and turnstiles cost a colossal amount; 70,000 Pesos each according to the Wikipedia Online Encyclopedia (2007) that was about US$25,000 in 1930, which was an enormous amount to pay for a twentieth century subway attribute during the Depression.

    Over the years, the Buenos Aries subway system expanded Subte Line B and added more stations with four additional metro lines. Today, the Buenos Aires Subway is owned by a private company called Metrovías. Even at this time, as the city population grows, there are future plans to expand the subway lines to the system.

INTRODUCCIÓN

Este libro históricamente documenta en fotografías la segunda línea del metro de Buenos Aires (Subte), la Línea B, desde 1928 hasta 1932. Estas fotografías de la época son una cápsula de tiempo que ilustran la construcción, los coches del metro y la infraestructura de la nueva línea del metro de Buenos Aires de 1930. La construcción de la Línea B del metro incorporó un método de corte y cubrimiento, el cual es un procedimiento de reducción de gastos para construir un ferrocarril subterráneo. Un método de corte y cubrimiento primero comienza con cavar y excavar una zanja grande, por lo cual el metro puede construirse dentro de un agujero profundo y alargado. Cuando el metro subterráneo se termina, con un fuerte apoyo del techo elevado, entonces la zanja se rellena con el fin de cubrir el metro que lo oculta bajo tierra. En conjunto, éste es un proceso organizado y detallado.

La construcción del primer sistema metro de Buenos Aires comenzó a principios del siglo XX, y alrededor del primero de diciembre de 1913, la primera línea, la Línea A del Subte se completó. Este se abrió como el primer sistema metro en el Hemisferio Sur y en América Latina. La Línea A fue construida y puesta a funcionar por una compañía privada llamada the Anglo-Argentine Tramway Company.

El 13 de febrero de 1912, el Congreso Nacional argentino aprobó la construcción de una segunda línea eléctrica doble, la Línea B del Subte. Esta sería una línea de pasajeros y de carga, entre la estación Federico Lacroze y la estación Paseo de Julio (ahora estación de Leandro N. Alem). La Línea B del Subte fue construida por la compañía argentina Lacroze, que era la rival del Tramway americano y el competidor. La Compañía Lacroze ya operaba una línea urbana del ferrocarril desde Chacarita hasta Campo de Mayo, que más tarde se conoció como el Ferrocarril del General Urquiza. La construcción en la Línea B del Subte comenzó el primero de octubre de 1928, y la primera sección del metro se completó desde Chacarita hasta Callao en un poco más de dos años, el 17 de octubre de 1930. Un número enorme de pasajeros, 380.000, viajó en los entonces treinta y dos nuevos coches del ferrocarril durante los dos primeros días de inauguración. Ocho meses más tarde, el 22 de junio de 1931, se completó el siguiente segmento del metro hasta la Estación Carlos Pellegrini. La construcción continuó y la décimo tercera y final estación se terminó en cinco meses. Justo antes del final del año de 1931, la nueva línea del metro de Buenos Aires, la Línea B del Subtre, se completó desde Federico Lacroze hasta la Estación Leandro N. Alem.

En los años 1930, la Compañía Lacroze planeó hacer de la Línea B del Subte una pieza de espectáculo moderno para Buenos Aires. Una modernización era la de sustituir el silbato del inspector del metro que anunciaba la salida de los trenes por luces de indicación. También las nuevas estaciones del metro: Agüero (más tarde renombrada Carlos Gardel), Pueyrredón, Pasteur y Callao en las cuales se instalaron dos nuevas características modernas importantes: escaleras mecánicas y torniquetes. Un periódico local relató que las escaleras mecánicas y los torniquetes costaron una cantidad colosal; 70.000 Pesos cada uno según la Enciclopedia en línea Wikipedia (2007) que eran alrededor de US$25.000 en 1930, lo cual era una cantidad enorme a pagar por un atributo de un metro del siglo XX durante la depresión.

Con el paso de los años, el sistema metro de Buenos Aires amplió la Línea B del Subte y añadió más estaciones con cuatro líneas de metro adicionales. Hoy en día, el metro de Buenos Aires es propiedad de una empresa privada llamada Metrovías. Incluso hoy, a medida que la población de la ciudad crece, existen futuros proyectos para ampliar el sistema con más líneas de metro.

Map of the Buenos Aires Subway
Mapa del metro (Subte) de Buenos Aires

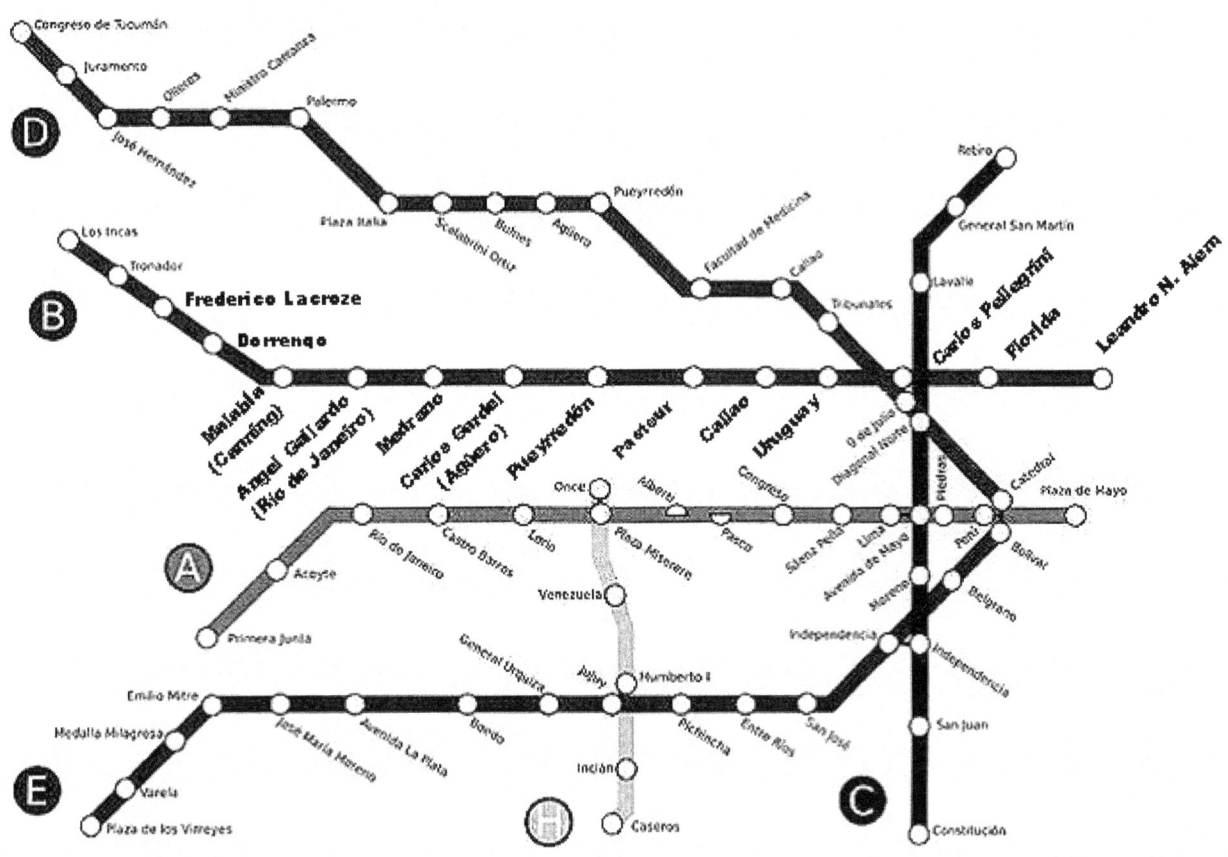

Completion of Subway Station on Line B
Finalización de la Estación del metro en la Línea B

17/10/1930 - Federico Lacroze - Callao
22/07/1931 - Callao - Pellegrini
12/12/1931 - Pellegrini - Leandro N. Alem
09/08/2003 - Federico Lacroze - Los Incas

Line B Subway Station Name Changes in 1970
El nombre de la estación del metro en la línea B cambia de nombre en 1970

Agüero >> Carlos Gardel
Río de Janeiro >> Angel Gallardo
Canning >> Malabia

Buenos Aires Subway (1997-2005) In *Metrovías s.a.*,
Buenos Aires Subway Map (2007) In *Wikipedia, The Free Encyclopedia*

1928-1929

LACROZE SUBWAY - BUENOS AIRES

October 1, 1928

In front of the crowd, Father Furlong is giving his blessing on the first shovelful at the Lacroze Subway groundbreaking excavation ceremony.

El primero de octubre de 1928

Frente a la muchedumbre, el Padre Furlong da su bendición durante la primera palada en la ceremonia de excavación y apertura del terreno.

LACROZE SUBWAY - BUENOS AIRES

August 2, 1929

At the Yatay shaft a concrete chute is in foreground with head works and an enclosure.

El 2 de agosto de 1929

En el eje Yatay una rampa de concreto está en primer plano con trabajos principales y un contenedor.

LACROZE SUBWAY - BUENOS AIRES

November 8, 1929

Looking west at the advance of open cut work between Araoz and Vera reveals a finished ventilator shaft and earth refill over the subway roof.

El 8 de noviembre de 1929

Al mirar hacia el oeste con dirección al trabajo de corte abierto entre Araoz y Vera se revela un ducto de ventilación terminado y el relleno de tierra sobre el techo del metro.

LACROZE SUBWAY - BUENOS AIRES

November 12, 1929

The progress of work by subcontractor P. B. Massey at Medrano and Corrientes is documented with opening the street and placing temporary supports under tramway track.

El 12 de noviembre de 1929

El progreso del trabajo por parte del subcontratista P. B. Massey en Medrano y Corrientes se documenta con la apertura de la calle y la colocación de soportes temporales bajo la vía del tren.

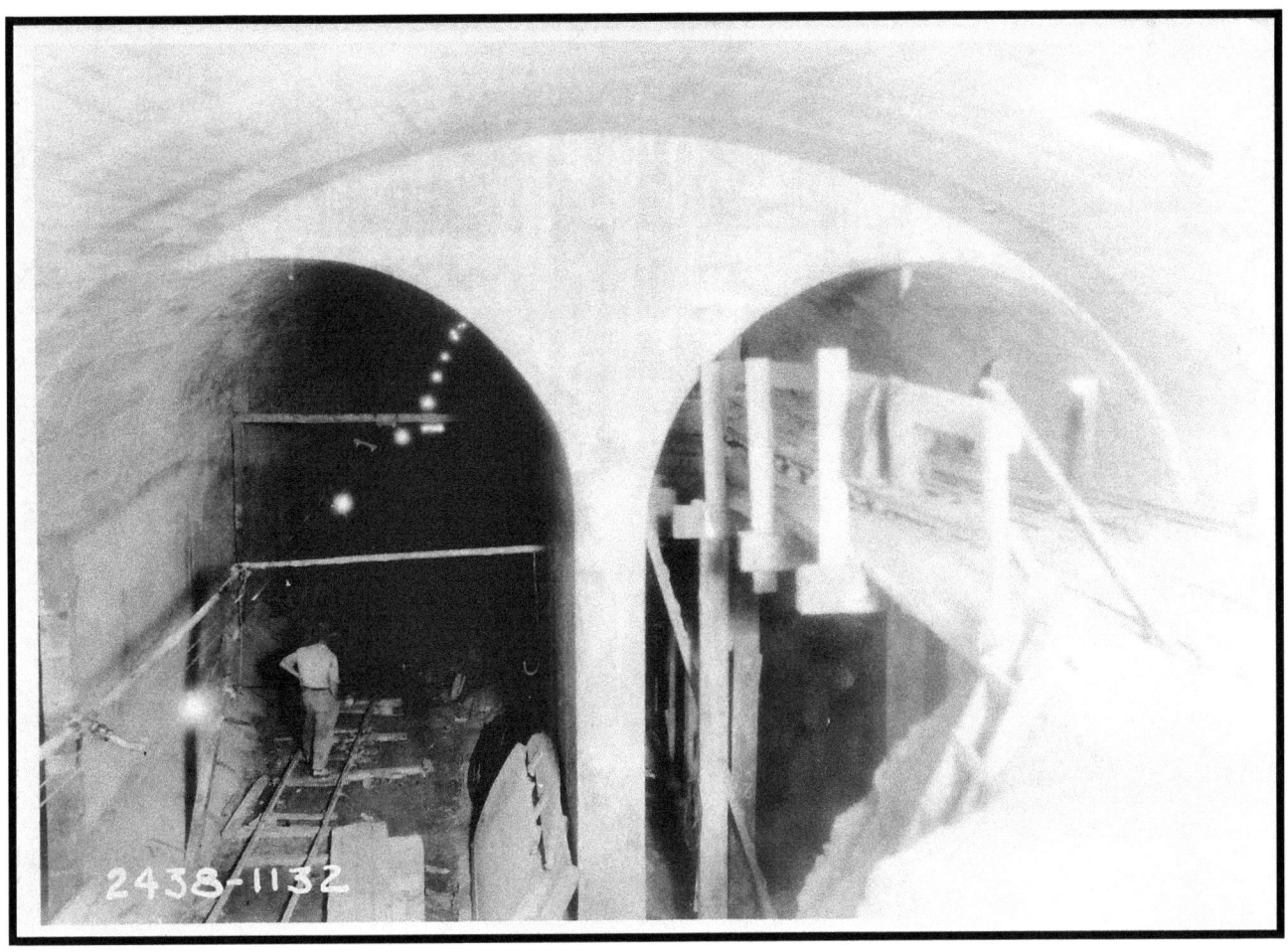

LACROZE SUBWAY - BUENOS AIRES

December 20, 1929

Looking westward into typical tunnel section of the west end of the tunnel center wall results in exposure to the crossover at Rio Bamba.

El 20 de diciembre de 1929

Mirando en dirección al oeste dentro de la sección típica del túnel del extremo oeste de la pared central del túnel resulta en la exposición al cruce en el Río Bamba.

LACROZE SUBWAY - BUENOS AIRES

December 30, 1929

Work being done at the Rio de Janerio temporary bridge at the open cut work between Rio de Janerio and Lambaré.

El 30 de diciembre de 1929

El trabajo realizado en el puente temporal Río de Janerio en el trabajo de corte abierto entre Río de Janerio y Lambaré.

LACROZE SUBWAY - BUENOS AIRES

December 31, 1929

Pictured above is an electric locomotive used to haul material trains into subway at Federico Lacroze Station.

El 31 de diciembre de 1929

Arriba aparece fotografiada una locomotora eléctrica usada para arrastrar trenes de materiales al metro en la Estación Federico Lacroze.

LACROZE SUBWAY - BUENOS AIRES

December 31, 1929

Ballast cars are seen at the Federico Lacroze Station.

El 31 de diciembre de 1929

Se observan coches de balasto en la Estación Federico Lacroze.

1930-1932

LACROZE SUBWAY - BUENOS AIRES

January 18, 1930

At the Agüero mezzanine excavation the tramway service is still in operation.

El 18 de enero de 1930

En la excavación de entresuelo de Agüero el servicio de tranvía está todavía en operación.

LACROZE SUBWAY - BUENOS AIRES

January 18, 1930

At the excavating for the Agüero mezzanine floor reveals the method of supporting tramways.

El 18 de enero de 1930

En la excavación para el entresuelo de Agüero el suelo revela el método de soporte para los tranvías.

LACROZE SUBWAY - BUENOS AIRES

January 31, 1930

Shown is the first of four photographs – Seen is the end of the open cut excavation between Lambaré and Yatay Tunnel just before joining with the Yatay Tunnel. Note the small hole upper left of the face of the excavation.

El 31 de enero de 1930

Se muestra la primera de cuatro fotografías. Se ve el final de la excavación de corte abierto entre Lambaré y el túnel Yatay justo antes del empalme con el túnel Yatay. Note el pequeño bache en la parte superior izquierda de la cara de la excavación.

LACROZE SUBWAY - BUENOS AIRES

January 31, 1930

The second of four photographs displays the east end of open cut meeting the west end of the Yatay Tunnel at Lambaré.

El 31 de enero de 1930

La segunda de cuatro fotografías muestra el extremo este del corte abierto al cruzarse con el extremo oeste del túnel Yatay en Lambaré.

LACROZE SUBWAY - BUENOS AIRES

January 31, 1930

The third of four photographs focuses on the east end of open cut meeting the west end of the Yatay tunnel at Lambaré Street.

El 31 de enero de 1930

La tercera de cuatro fotografías se enfoca en el extremo este del corte abierto al cruzarse con el extremo oeste del túnel Yatay en la Calle Lambaré.

LACROZE SUBWAY - BUENOS AIRES

January 31, 1930

The final of four photographs pictures the west end of Yatay Tunnel and completion of Thames open cut section.

El 31 de enero de 1930

La última de las cuatro fotografías muestra el extremo oeste del Túnel Yatay y la finalización de la sección de corte abierto de Támesis.

LACROZE SUBWAY - BUENOS AIRES

1930

This is a historic photograph of a formal banquet with the Dwight P. Robinson & Company employees and their wives. Walter A. H. Grantz is in the second row from the back, second on the left.

1930

Esta es una fotografía histórica de un banquete formal con Dwight P. Robinson y los empleados de la Compañía y sus esposas. Walter A. H. Grantz está en la segunda fila de atrás hacia adelante, es el segundo a la izquierda.

LACROZE SUBWAY - BUENOS AIRES

May 18, 1930

East of Callao Station shows the south drift side wall in a single arch crossover section.

El 18 de mayo de 1930

Al este de la Estación Callao se muestra la pared de movimiento sur en una sección de cruce de vías en arco único.

LACROZE SUBWAY - BUENOS AIRES

May 18, 1930

East of Callao Station Single reveals an arch crossover section with engineers in the back of the tunnel.

El 18 de mayo de 1930

Al este de la Estación Callao se muestra una sección de cruce de vías con los ingenieros en la parte trasera del túnel.

LACROZE SUBWAY - BUENOS AIRES

May 23, 1930

This photograph depicts the beginning of excavation during the construction of the Rancagua Storage Yard for a temporary bridge for maintenance of Anglo-Argentine Tramway Company's tracks of Triunvirato.

El 23 de mayo de 1930

Esta fotografía representa el comienzo de la excavación durante la construcción del depósito de almacenamiento de Rancagua para un puente temporal para el mantenimiento de las vías de la compañía de tren angloargentina de Triunvirato.

LACROZE SUBWAY - BUENOS AIRES

June 13, 1930

Above is the excavation of the Rancagua Car Storage Yard in the Parque de los Andes.

El 13 de junio de 1930

Arriba aparece la excavación del depósito de almacenaje de vagones de Rancagua en el Parque de los Andes.

LACROZE SUBWAY - BUENOS AIRES

June 23, 1930

The finished ramp is revealed at Charaita.

El 23 de junio de 1930

La rampa terminada se revela en Charaita.

LACROZE SUBWAY - BUENOS AIRES

June 26, 1930

A single arch crossover section lies east of Callao Station showing the west end of a typical subway section between Callao and Uruguay Stations.

El 26 de junio de 1930

Una sección de cruce de vías de arco única se encuentra al este de la Estación Callao mostrando el extremo oeste de una sección de metro típica entre las Estaciones de Uruguay y Callao.

LACROZE SUBWAY - BUENOS AIRES

June 23, 1930

The finished ticket office section, Canning Station, is on the north platform.

El 23 de junio de 1930

Se termina la sección de ventanillas de la Estación Canning, ésta se encuentra en la plataforma norte.

LACROZE SUBWAY - BUENOS AIRES

July 30, 1930

The first subway coaches were discharged at Zarate.

El 30 de julio de 1930

Los primeros vagones del metro se descargargaron en Zarate.

LACROZE SUBWAY - BUENOS AIRES

July 31, 1930

The new subway cars on board train leave Zarate for Buenos Aires.

El 31 de julio de 1930

Los nuevos coches del metro a bordo del tren dejan Zarate para dirigirse a Buenos Aires.

LACROZE SUBWAY - BUENOS AIRES

July 31, 1930

The subway coaches are on board the train leaving Zarate for Buenos Aires.

El 31 de julio de 1930

Los coches del metro a bordo del tren dejan Zarate para dirigirse a Buenos Aires.

LACROZE SUBWAY - BUENOS AIRES

August 4, 1930

Above is a unique view of the interior of a new subway car.

El 4 de agosto de 1930

Arriba se muestra una vista única del interior de un nuevo coche del metro.

LACROZE SUBWAY - BUENOS AIRES

August 4, 1930

Here is the first subway coach entering at the ramp at Chacarita.

El 4 de agosto de 1930

Aquí aparece el primer coche del metro al entrar en la rampa en Chacarita.

LACROZE SUBWAY - BUENOS AIRES

August 5, 1930

Pictured above is the finished construction of the Ticket Office and Turnstiles in Federico Lacroze Station.

El 5 de agosto de 1930

En la fotografía que se muestra arriba se aprecia la construcción terminada de las ventanillas y torniquetes en la Estación Federico Lacroze.

LACROZE SUBWAY - BUENOS AIRES

August 5, 1930

The finished construction and installed Agüero Station Northwest escalators were quite a site in their day.

El 5 de agosto de 1930

La construcción terminada y la instalación de las escaleras mecánicas al noroeste de la Estación de Agüero fueron un verdadero espectáculo en aquellos días.

LACROZE SUBWAY - BUENOS AIRES

August 5, 1930

The causeway of track routes east of Frederico Lacroze Station are pictured above.

El 5 de agosto de 1930

Arriba se muestra la calzada elevada de las rutas de las vías al este de la Estación Frederico Lacroze.

LACROZE SUBWAY - BUENOS AIRES

August 12, 1930

A method of timbering is evidenced and very typical for a tunnel excavation roof section east of Uruguay Station.

El 12 de agosto de 1930

Un método de vigas es evidente y muy típico para una sección de techo de excavación de túnel al este de la Estación Uruguay.

LACROZE SUBWAY - BUENOS AIRES

August 13, 1930

Above is a finished typical tunnel section between Agüero and Pueyrredon Stations.

El 13 de agosto de 1930

Arriba aparece una sección de túnel típica terminada entre las Estaciones Agüero y Pueyrredon.

LACROZE SUBWAY - BUENOS AIRES

August - September 1930

Men work in the tunnel between Agüero and Pueyrredon Stations.

Agosto - septiembre de 1930

Los hombres trabajan en el túnel entre las Estaciones Agüero y Pueyrredon.

LACROZE SUBWAY - BUENOS AIRES

September 19, 1930

The view extends eastward at the south platform at Pueyrredon Subway Station.

El 19 de septiembre de 1930

La vista se extiende hacia el este en la plataforma sur en la Estación Pueyrredon del metro.

LACROZE SUBWAY - BUENOS AIRES

September 25, 1930

Another view extends east at the Federico Lacroze Subway Station north track way and platform.

El 25 de septiembre de 1930

Otra vista se extiende hacia el este en la pista norte y la plataforma de la Estación Federico Lacroze del metro.

LACROZE SUBWAY - BUENOS AIRES

September 26, 1930

Above is a photograph of a group of Motormen taken during their examinations with engineer Dillon of the Direction of Railways and Mr. Kramer in doorway of the coach.

El 26 de septiembre de 1930

Arriba aparece una fotografía tomada de un grupo de maquinistas durante sus exámenes con el ingeniero Dillon de la Dirección de Ferrocarriles y el Sr. Kramer a la entrada del coche.

LACROZE SUBWAY - BUENOS AIRES

September 26, 1930

The Pueyrrredon Subway Station mezzanine floor includes a change booth, turnstiles and escalators.

El 26 de septiembre de 1930

El entresuelo de la Estación de Pueyrrredon del metro incluye una cabina de cambio, torniquetes y escaleras mecánicas.

LACROZE SUBWAY - BUENOS AIRES

September 27, 1930

The south side of the Pueyrredon Subway Station mezzanine floor includes turnstiles and escalators.

El 27 de septiembre de 1930

El lado sur del nivel de entresuelo de la Estación Pueyrredon del metro incluye torniquetes y escaleras mecánicas.

LACROZE SUBWAY - BUENOS AIRES

September 29, 1930

The photo looks east at the Pueyrredon Subway Station south platform and track.

El 29 de septiembre de 1930

La foto está enfocada hacia el este en la plataforma y vía del sur de la Estación Pueyrredon del metro.

LACROZE SUBWAY - BUENOS AIRES

September 29, 1930

The Callao Subway Station mezzanine floor points a north stairway to the street and turnstile.

El 29 de septiembre de 1930

El nivel de entresuelo de la Estación Callao del metro indica una escalera norte hacia la calle y un torniquete.

LACROZE SUBWAY - BUENOS AIRES

September 29, 1930

A newly installed Otis Escalator at Pueyrredon Subway Station is a modern addition for its day.

El 29 de septiembre de 1930

Una escalera mecánica Otis recién instalada en la Estación Pueyrredon del metro fue una adición moderna en aquellos días.

LACROZE SUBWAY - BUENOS AIRES

October 6, 1930

A luncheon on the platform of Federico Lacroze Subway Station given to members of Dwight P. Robinson & Company and family on the occasion of their visit to the subway celebrates the line's opening.

El 6 de octubre de 1930

Un almuerzo en la plataforma de la Estación Federico Lacroze del metro dado a miembros de la empresa Dwight P. Robinson & Company y sus familias con motivo de su visita al metro para celebrar la apertura de la línea.

LACROZE SUBWAY - BUENOS AIRES

October 8, 1930

This is a western at the Federico Lacroze Subway Station north platform.

El 8 de octubre de 1930

Esta es una vista occidental en la plataforma norte de la Estación Federico Lacroze del metro.

LACROZE SUBWAY - BUENOS AIRES

October 11, 1930

An eastern view at the Callao Subway Station shows the north platform and track.

El 11 de octubre de 1930

Una vista al este en la Estación Callao del metro muestra la plataforma norte y la vía.

LACROZE SUBWAY - BUENOS AIRES

October 11, 1930

Another view eastward at the Callao Subway Station is from the crossover section.

El 11 de octubre de 1930

Otra vista hacia el este en la Estación Callao del metro desde la sección de cruce de vías.

LACROZE SUBWAY - BUENOS AIRES

October 1930

Here is the Medrano Subway station.

Octubre de 1930

Aquí aparece la estación Medrano del metro.

LACROZE SUBWAY - BUENOS AIRES

October 13, 1930

Looking east at the Pueyrredon Subway Station mezzanine floor one sees a change booth and turnstiles.

El 13 de octubre de 1930

Al mirar hacia el este en el nivel de entresuelo de la Estación Pueyrredon del metro se aprecian una cabina de cambio y torniquetes.

LACROZE SUBWAY - BUENOS AIRES

October 28, 1930

Pictured is the Uruguay Station mezzanine excavation.

El 28 de octubre de 1930

En la fotografía aparece la excavación del entresuelo de la Estación Uruguay.

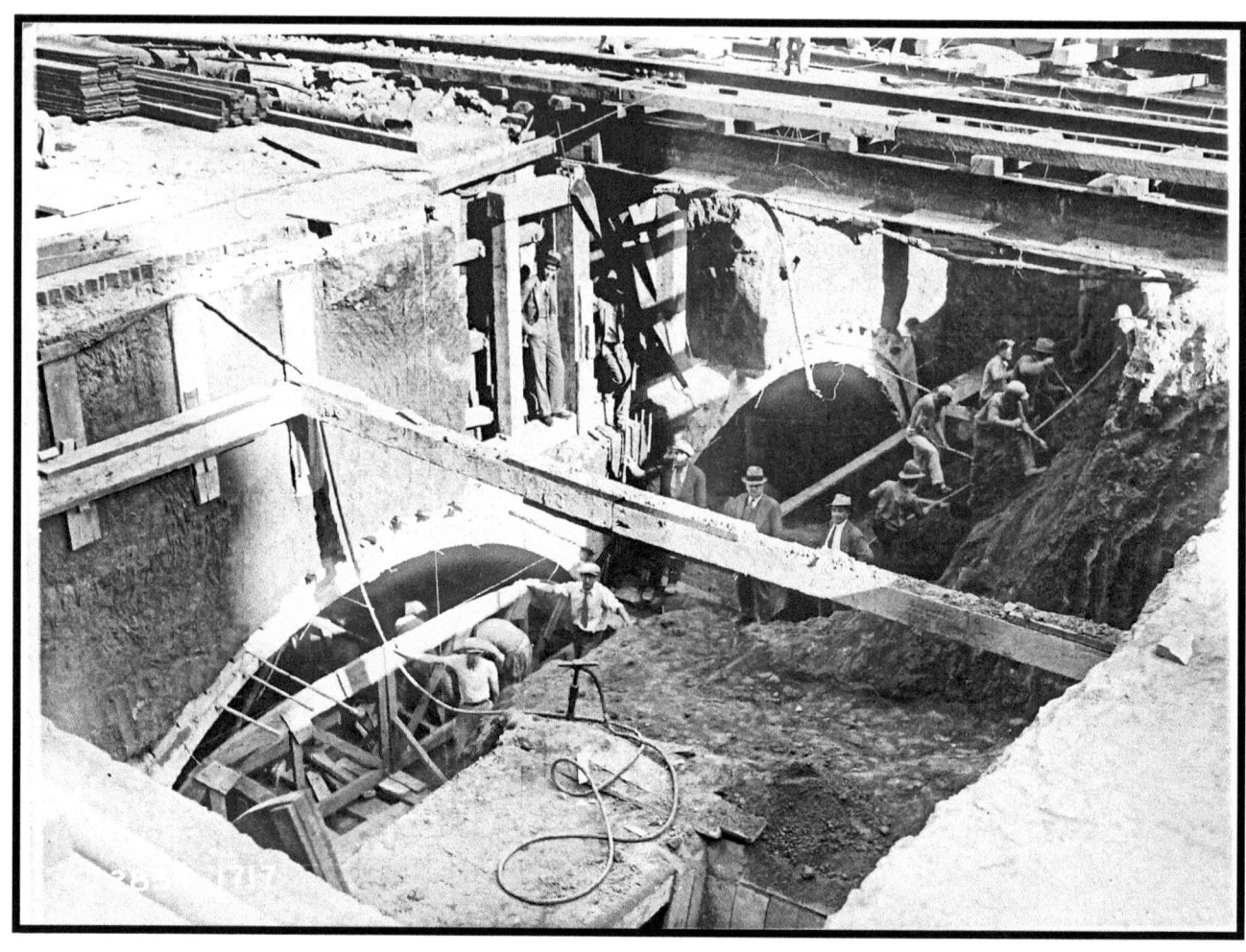

LACROZE SUBWAY - BUENOS AIRES

October 30, 1930

The Uruguay Station mezzanine excavation reveals station arches.

El 30 de octubre de 1930

La excavación del entresuelo de la Estación Uruguay revela los arcos de la estación.

LACROZE SUBWAY - BUENOS AIRES

November 20, 1930

Men happily look through from Subway Section One to Subway Section Two after dividing wall was broken down.

El 20 de noviembre de 1930

Los hombres miran con felicidad desde la Sección uno del metro hacia la Sección dos del metro después de derribar el muro divisorio.

LACROZE SUBWAY - BUENOS AIRES

November 20, 1930

A photograph documents a group of operatives of Dwight P. Robinson & Company taken at the dividing wall between Subway Sections One and Two at time of "holing through". Walter A.H. Grantz, is in the front row, second from the left.

El 20 de noviembre de 1930

Una fotografía documenta a un grupo de obreros de la empresa Dwight P. Robinson & Company tomada en el muro divisorio entre las Secciones uno y dos del metro al momento en que "hacían el hoyo".Walter A.H. Grantz está en la primera fila, es el segundo de izquierda a derecha.

LACROZE SUBWAY - BUENOS AIRES

November 20, 1930

The photograph is showing the finished machine room.

El 20 de noviembre de 1930

La fotografía muestra el cuarto de máquinas terminado.

LACROZE SUBWAY - BUENOS AIRES

November 20, 1930

The photograph is showing the finished subway engine room at Medrano Substation.

El 20 de noviembre de 1930

La fotografía muestra la sala de máquinas del metro terminada en la Subestación Medrano.

LACROZE SUBWAY - BUENOS AIRES

December 4, 1930

Pictured is a westward view taken at the west end of Subway Section Two east of Callao Station.

El 4 de diciembre de 1930

En la fotografía se muestra una vista hacia el oeste tomada al extremo oeste de la Sección dos del metro, al este de la Estación Callao.

LACROZE SUBWAY - BUENOS AIRES

December 4, 1930

Another westward view depicts the structural steel construction at the Rancagua Park Car Storage Yard.

El 4 de diciembre de 1930

Otra vista hacia el oeste representa la construcción de acero estructural en el depósito de almacenaje de coches de estacionamiento de Rancagua.

LACROZE SUBWAY - BUENOS AIRES

December 4, 1930

The photograph is showing the tunnel construction at Corrientes Street under building foundations between Uruguay and Talcahuano.

El 4 de diciembre de 1930

La fotografía muestra la construcción del túnel en la Calle Corrientes bajo los cimientos de un edificio entre Uruguay y Talcahuano.

LACROZE SUBWAY - BUENOS AIRES

December 27, 1930

Looking eastward the photograph is showing the crossover section west of Carlos Pellegrini Station.

El 27 de diciembre de 1930

Mirando hacia el este, la fotografía muestra el cruce de vías al oeste de la Estación Carlos Pellegrini.

LACROZE SUBWAY - BUENOS AIRES

December 27, 1930

Looking westward is the crossover section west of Carlos Pellegrini Station. Standing on the right are Mr. Redwood and concrete foreman, Blazic.

El 27 de diciembre de 1930

Al mirar hacia el oeste se encuentra la sección de cruce de vías al oeste de la Estación Carlos Pellegrini. Parados a la derecha están el Sr. Redwood y el encargado del hormigón, Blazic.

LACROZE SUBWAY - BUENOS AIRES

February 2, 1931

Above is the excavation for the Carlos Pellegrini Substation at Diagonal Norte and Corrientes Street.

El 2 de febrero de 1931

Arriba se encuentra la excavación para la Subestación de Carlos Pellegrini en Diagonal Norte y Calle Corrientes.

LACROZE SUBWAY - BUENOS AIRES

February 2, 1931

Corrientes Street and Diagonal Norte expose the excavation for Carlos Pellegrini Substation and mezzanine floor.

El 2 de febrero de 1931

La Calle Corrientes y Diagonal Norte exponen la excavación para la Subestación Carlos Pellegrini y el nivel de entresuelo.

LACROZE SUBWAY - BUENOS AIRES

February 2, 1931

A general view of Corrientes Street, Diagonal Norte and Carlos Pellegrini Street depicts the excavation of the Carlo Pellegrini Substation and mezzanine floor.

El 2 de febrero de 1931

Una vista general de la Calle Corrientes, Diagonal Norte y la Calle Carlos Pellegrini muestra la excavación de la Subestación Carlo Pellegrini y el nivel de entresuelo.

LACROZE SUBWAY - BUENOS AIRES

August 17, 1931

A rear view auxiliary switchboard and signal panel in foreground are at Carlos Pellegrini Substation.

El 17 de agosto de 1931

Una vista trasera del panel de control auxiliar y del panel de señales en primer plano que se encuentran en la Subestación Carlos Pellegrini.

LACROZE SUBWAY - BUENOS AIRES

August 17, 1931

Looking south from top of telephone booth at the Carlos Pellegrini Substation one can see the machine floor 10½ meters below street level.

El 17 de agosto de 1931

Mirando hacia el sur desde la parte superior de la cabina telefónica en la Subestación Carlos Pellegrini, se puede ver el piso de máquinas, diez metros y medio por debajo del nivel de la calle.

LACROZE SUBWAY - BUENOS AIRES

August 17, 1931

North at the Carlos Pellegrini Substation is the machine floor 10½ meters below street level. The rotary converter Nº 3 is in service.

El 17 de agosto de 1931

Al norte en la Subestación Carlos Pellegrini está el piso de máquinas, diez metros y medio por debajo del nivel de la calle. El convertidor giratorio N º 3 se encuentra en servicio.

LACROZE SUBWAY - BUENOS AIRES

August 19, 1931

At the Carlos Pellegrini Substation is part of 13500 V A C switchboard with a lighting arrester. The photograph is also showing the disconnecting switch compartment and rotary converter transformer Nº 2. The oil circuit breaker compartment is opened.

El 19 de agosto de 1931

En la Subestación Carlos Pellegrini es parte de un panel de control 13500 V A C con un protector de descargas atmosféricas que alumbra. La fotografía también muestra el compartimento del interruptor que se desconecta y el transformador del convertidor giratorio N º 2. El compartimento del cortacircuitos del aceite está abierto.

LACROZE SUBWAY - BUENOS AIRES

September 9, 1931

Looking west over the open cut portion of Leandro N. Alme Station also shows the temporary bridge on Leandro N. Alem Avenue and a construction shaft.

El 9 de septiembre de 1931

Hacia el oeste sobre la parte de corte abierto de la Estación Leandro N. Alme también se muestra el puente temporal en la Avenida Leandro N. Alem y un ducto de construcción.

LACROZE SUBWAY - BUENOS AIRES

September 11, 1931

Additionally, looking east over the open cut portion of Leandro N. Alem Station reveals a temporary bridge on Leandro N. Alem Avenue and construction of drainage shafts.

El 11 de septiembre de 1931

Además, hacia el este sobre la parte de corte abierto de la Estación Leandro N. Alem se revela un puente temporal en la Avenida Leandro N. Alem y la construcción de ductos de desagüe.

LACROZE SUBWAY - BUENOS AIRES

February - 1932

A Hydraulic Buffer, installed at east end of Leandro N. Alem Subway Passenger station (Corrietes and Bouchard Streets), was manufactured by Romsome & Rapier, Ltd. of London.

Febrero – 1932

El parachoques hidráulico instalado en el extremo este de la Estación de pasajeros Leandro N. Alem del metro (Calles Corrietes y Bouchard), fue fabricado por Romsome and Rapier, Ltd. de Londres.

References / Referencias

Argentina, flag of. (2008). In *Encyclopedia Britannica.* Retrieved January 31, 2008,

from Encyclopedia Britannica Online: http://www.britannica.com/eb/article-9093808.

Buenos Aires Subway (1997-2005). *Metrovías s.a.,* Retrieved January 20, 2008, from Metrovías s.a.

Online: http://www.metrovias.com.ar/.

Buenos Aires Subway Map (2007). *Wikipedia, The Free Encyclopedia*, Retrieved January 12, 2008,

http://en.wikipedia.org/wiki/Image:Subtes-2007.svg.

Harper's Monthly Magazine, September 1924 (No. 892). Dwight P, Robinson & Company

Incorporated Advertisement.

Historical Exchange Rates of Argentine Currency (2007). *Wikipedia, The Free Encyclopedia*,

Retrieved February 7, 2008, From Wikipedia, The Free Encyclopedia Online:

http://en.wikipedia.org/wiki/Historical_exchange_rates_of_Argentine_currency.

Lacroze Buenos Ayres Tramway Bond (1914). *Scripophily.com*, Retrieved February

13, 2008, From Scripophily.com Online: http://www.scripophily.net/buaylatrarre.html.

Schwandl, R. (2007). Buenos Aires Subway System & History. *UrbanRail.Net*, Retrieved January

25, 2008, From UrbanRail.Net Online: http://www.urbanrail.net/am/buen/buenos-aires.htm.

Subterraneos de Buenos Aries, Line B (2008). *History of Buenos Aires Subway,* Retrieved

January 25, 2008, from Subterraneos de Buenos Aries, Line B Online:

http://www.historiadel-pais.com.ar/subte.htm#LINEA%20"B".

Tunnels (2007). *Wikipedia, The Free Encyclopedia*, Retrieved February 1, 2008,

Wikipedia, The Free Encyclopedia Online: http://en.wikipedia.org/wiki/Tunnel.

www.ingramcontent.com/pod-product-compliance
Ingram Content Group UK Ltd.
Pitfield, Milton Keynes, MK11 3LW, UK
UKHW050414240426
12048UKWH00020B/1513